Dieses Buch gehört:

**Paul Maar** ist einer der beliebtesten und erfolg-
reichsten deutschen Kinder- und Jugendbuch-
autoren. Er wurde 1937 in Schweinfurt geboren,
studierte Malerei und Kunstgeschichte und war
einige Jahre als Lehrer und Kunsterzieher an
einem Gymnasium tätig, bevor er den Sprung
wagte, sich als freier Autor und Illustrator ganz
auf seine künstlerische Arbeit zu konzentrieren.
Sein Werk wurde mit zahlreichen bedeuten-
den Auszeichnungen gewürdigt, u. a. mit dem
Deutschen Jugendliteraturpreis.

Paul Maar

# Das Sams und der blaue Wunschpunkt

Verlag Friedrich Oetinger · Hamburg

# Inhalt

Herr Taschenbier wohnte
seit Samstag nicht mehr allein.
Am Samstag kam das Sams zu ihm.

Er hatte das seltsame Wesen
auf der Straße gefunden.
Es war klein wie ein Kind,
hatte feuerrote Haare,
eine Nase wie eine Steckdose
und viele blaue Punkte im Gesicht.

Was es mit den blauen Punkten
auf sich hatte
wusste Herr Taschenbier
noch nicht.

Herr Taschenbier wusste aber sofort,
dass dies nur ein Sams sein konnte.
Denn er hatte vorher
eine merkwürdige Woche erlebt:

Am **Sonntag**
schien die **Sonne**.

Am **Montag**
bekam er Besuch
von seinem Freund,
Herrn **Mon**.

6

Am **Dienstag**
hatte er **Dienst**.

Am **Mittwoch**
war **Mitte** der Woche.

Am **Donnerstag**
hatte es **gedonnert**.

Und am **Freitag**
bekam er **frei**.

Deshalb konnte das Wesen,
das am **Samstag** auf der Straße saß,
nur ein **Sams** sein.

Weil Herr Taschenbier
das Sams erkannt hatte,
sagte es „Papa" zu ihm
und zog bei ihm ein.

Seitdem machte das Sams
jeden Tag neuen Unsinn.

# 1. Das Sams schlägt Alarm

An diesem Morgen saß das Sams
in einer großen Schublade
auf dem Boden.

Es ruderte mit einem Stock
durch die Luft und sang:

*„Kommt einmal ein Hai vorbei,*
*gibt es viel Geschrei.*
*Kommt das Sams im Nu dazu,*
*gibt es sofort Ruh."*

Davon wurde Herr Taschenbier wach
und sagte:
„Aha, Robinson spielt
wieder einmal Alarmanlage."

Den Namen „Robinson"
hatte das Sams selbst ausgesucht.
Herr Taschenbier konnte es ja kaum
vor anderen „das Sams" nennen.

„Nein, Robinson spielt Schiff",
verbesserte das Sams ihn.

„Trotzdem muss ich dich bitten,
die Schublade wieder einzuräumen",
sagte Herr Taschenbier.

„Das ist ein Schiff",
verbesserte das Sams ihn wieder.
„Dann wirst du eben *das Schiff*
einräumen", sagte Herr Taschenbier.
„Ich wünsche es."

Sofort machte sich das Sams
an die Arbeit.

## 2. Der verschwundene Punkt

Herr Taschenbier
betrachtete das Sams neugierig.
„Sag mal, da war doch eben noch
ein großer, blauer Punkt
auf deiner Nasenspitze.
Jetzt ist er weg", stellte er fest.

„Du hast ihn doch weggewünscht",
sagte das Sams.
„Ich?", rief Herr Taschenbier.

12

„Wer denn sonst!",
antwortete das Sams lachend.
„Du hast doch gerade gewünscht,
dass ich aufräume."

„Na, siehst du",
sagte Herr Taschenbier.
„Aber ich habe nicht gewünscht,
dass dein Punkt verschwindet."

„Die Punkte verschwinden jedes Mal,
wenn du dir etwas wünschst",
erklärte das Sams.
„Und wenn kein Punkt mehr da ist,
kannst du dir nichts mehr wünschen."

Herr Taschenbier wurde nun
ganz aufgeregt.
„Alles, was ich wünsche,
geht in Erfüllung?", rief er.

„Aber natürlich",
rief das Sams zurück.
„Hast du das nicht gewusst?"

„Nein! Warum hast du
mir das nicht früher gesagt?"
Herr Taschenbier schaute überrascht.

„Das ist doch immer so bei Samsen",
sagte das Sams.

Herr Taschenbier sah das Sams
nachdenklich an.
Nach einer Weile sagte er:
„Ich wünsche mir jetzt
ein schönes Frühstück."

# 3. Frühstück mit Frau Rotkohl

Herr Taschenbier hatte es
kaum ausgesprochen,
da klopfte Frau Rotkohl an die Tür.
Sie war die Vermieterin
und äußerst leicht zu verärgern.
Und der Besuch vom Sams
gefiel ihr ganz und gar nicht.

Frau Rotkohl kam ins Zimmer
und stellte ein Tablett mit Frühstück
auf den Tisch.

16

Sie sah das Sams und schrie:
„Aha! Ich habe geahnt,
dass dieser Robinson noch hier ist.
In zehn Minuten ist der Bengel
raus aus meinem Haus.
Oder Sie können Ihre Koffer packen!"

Dann stürmte sie aus dem Zimmer.

„Na, siehst du!",
sagte das Sams.
„Nichts sehe ich",
rief Herr Taschenbier verärgert.
„Ich sehe nur,
dass sie mir fast gekündigt hat."

„Hast du ein Frühstück oder nicht?",
fragte das Sams.

„Das war vielleicht Zufall“,
sagte Herr Taschenbier.
„Darum wünsche ich mir jetzt etwas,
das es nicht geben kann.“

Und dann verkündete er:
„Ich wünsche,
dass es hier in meinem Zimmer
schneit!“

# 4. Gefangen im Schnee

„Was für ein strohblöder Wunsch!",
rief das Sams.
Es rannte zum Schrank
und zog einen Mantel heraus.

Da begann es auch schon
zu schneien.

20

Aus der Ecke des Zimmers
wehte ein eisiger Wind.
Schneeflocken wirbelten über Bett,
Schreibtisch und Schrank.

„Bring mir auch einen Mantel!",
rief Herr Taschenbier dem Sams zu.

Mit einem Mantel unterm Arm
kämpfte sich das Sams
durch den Sturm zurück zum Bett.
Der Schnee war nun schon kniehoch.

„Wir müssen
einen Unterstand bauen",
schlug das Sams vor.
Sie hoben die Bettdecke hoch
und verkrochen sich darunter.

Im Zimmer wurde es immer kälter.
Der Schnee stand jetzt so hoch,
dass der Schreibtisch
nicht mehr zu sehen war.

Eine Schnee-Lawine
donnerte vom Schrank
und verfehlte die beiden nur knapp.

„Auf den Schrank!",
schrie das Sams
und kletterte als Erster hinauf.
Herr Taschenbier stieg hinterher.

In diesem Moment
riss Frau Rotkohl die Zimmertür auf.
Die Schnee-Lawine
stürzte aus der Tür
und begrub Frau Rotkohl unter sich.

Im Schnee gefangen,
rollte Frau Rotkohl
wie ein riesiger Schneeball
durch den Flur bis in die Küche.

Drinnen im Zimmer kuschelten sich
Herr Taschenbier und das Sams
auf dem Schrank aneinander.

Plötzlich ertönte
ein grollendes Brummen,
und etwas Großes, Weißes
wühlte sich aus dem Schnee.

„Wa-wa-was ist da-da-das?",
fragte Herr Taschenbier
und klapperte vor Angst und Kälte
mit den Zähnen.

„Ein Ei-Ei-Eisbär, nehme ich a-a-an",
klapperte das Sams zurück.

„Wo-ho-ho kommt der he-he-her?",
fragte Herr Taschenbier entsetzt.

„Wo Eis und Schnee si-si-sind,
si-si-sind die Eisbären nicht weit",
sagte das Sams.
„Ich wü-wüsste einen guten Wunsch.
Tauwetter!"

„Na-na-natürlich!",
schrie Herr Taschenbier.
„Ich wü-wünsche,
dass es taut und das Schneewetter
sofort aufhört!"

Kaum hatte er es ausgesprochen,
hörte es auf zu schneien.
Es wurde merklich wärmer
im Zimmer.

## 5. Eisbären verboten!

Man konnte zusehen,
wie der Schnee schmolz.
Langsam kamen die Möbel
wieder zum Vorschein.

Das Bett schwamm nun
auf dem Tauwasser.
Nur der Eisbär schwamm noch nicht.

Er saß bis zum Hals im Wasser
und betrachtete die Butterdose,
die vor seiner Nase
auf und ab schaukelte.

„Ich glaube,
du solltest etwas
gegen die Nässe unternehmen",
sagte das Sams.

Herr Taschenbier nickte.
„Ich wünsche,
dass alles wieder trocken wird!"

Er hatte es kaum ausgesprochen,
da sah das Zimmer beinahe aus
wie vor dem Schneesturm.

In diesem Moment
öffnete Frau Rotkohl die Zimmertür,
und der Eisbär schob sich heraus.
Ihm war es drinnen zu warm geworden.

„Haustiere sind in der Wohnung
verboten!", kreischte Frau Rotkohl.

Doch der Eisbär gähnte nur
und zeigte ihr seine spitzen Zähne.

Frau Rotkohl machte kehrt,
raste in ihre Küche zurück
und schloss die Tür.

Das Tier trottete zur Haustür,
öffnete sie mit seiner Pranke
und setzte sich draußen
in den letzten Schneehaufen.

## 6. Ein überaus zahmer Wunsch

„Na, glaubst du jetzt
an die blauen Punkte?",
fragte das Sams Herrn Taschenbier.

Herr Taschenbier lächelte,
denn er hatte eine Idee.
„Ich wünsche,
dass Frau Rotkohl
immer genau das Gegenteil sagt,
wenn sie mit mir schimpfen will!"

Im nächsten Moment
öffnete Frau Rotkohl
die Küchentür ein wenig
und spähte hinaus.

Von dem Tier war nichts zu sehen.

Mutig trat sie in den Flur hinaus
und knallte die Haustür
hinter dem Eisbären zu.

Dann stürmte sie
mit zornrotem Gesicht
in Herrn Taschenbiers Zimmer.

„Herr Taschenbier,
Sie sind ein außergewöhnlich netter
und lieber Mensch!",
schrie sie ihn an.

Herr Taschenbier verneigte sich
und antwortete:
„Das haben Sie hübsch gesagt,
Frau Rotkohl, sehr hübsch!"

„Was … Was sage ich überhaupt?",
stammelte Frau Rotkohl
mit großen Augen.

Gleich darauf schrie sie wieder:
„Dieser Robinson ist das artigste
und ruhigste Kind,
das ich kenne.
Lassen Sie ihn doch bitte
noch ein wenig hier."

Herr Taschenbier und das Sams
schauten sich an und grinsten.

Frau Rotkohl sagte eifrig:
„Falls er länger bleibt,
zahlen Sie natürlich
zwanzig Euro weniger Miete.
Der Junge kostet Sie ja auch Geld."

Sie schaute verwirrt
und sagte dann:
„Ich weiß gar nicht, was ich rede!
Ich meinte:
Wenn der nette Junge bleibt,
zahlen Sie natürlich
dreißig Euro weniger Miete."

„Das kommt überhaupt nicht infrage",
antwortete Herr Taschenbier.
„Ich zahle meine Miete
weiter wie bisher."

Frau Rotkohl hielt inne
und schüttelte den Kopf.

„Wenn es Ihnen recht ist,
gehe ich jetzt wieder in mein Zimmer.
Sie entschuldigen mich",
sagte sie und ging.

„Eine höfliche Frau!",
stellte das Sams fest.
„Hast du auch gehört,
was sie über mich gesagt hat?",
fragte es Herrn Taschenbier.
„Ich bin das ruhigste Kind,
das sie je erlebt hat.
Und du behauptest immer,
ich wäre eine Alarmanlage."

„Manchmal wünschte ich,
sie hätte recht",
sagte Herr Taschenbier und seufzte.

„Halt, halt!", schrie das Sams.
„Pass auf, dass du dir nicht
aus Versehen etwas wünschst."

Es lächelte seinen Papa an
und sagte:
„Ich möchte nämlich
auf gar keinen Fall
ein ruhiges und artiges Kind sein!"

# Willkommen in der LESESTARTER Rätselwelt

Hast du Lust auf noch mehr Lesespaß?

Dann findest du hier viele tolle Rätsel und spannende Spiele. Auf der nächsten Seite geht es schon los!

Wir wünschen dir viel Spaß!

Lösungen auf Seite 56–57

**Kannst du die Bilder den richtigen Sätzen zuordnen?**

Herr Taschenbier
wünschte sich ein Frühstück.

Frau Rotkohl rollte
durch den Flur.

Der Eisbär setzte sich
in den letzten Schneehaufen.

„Was sage ich überhaupt?",
stammelte Frau Rotkohl.

43

**Folge dem geheimen Code und suche im Labyrinth nach der Lösung!**

## Dein Geheimcode:

1 rechts, 2 runter

5 hoch, 1 links

1 links, 6 runter, 1 rechts

1 rechts, 3 hoch

2 hoch, 1 rechts

44    **Lösungswort:**

Starte hier!

Mein Tipp:

Jedes Bild steht für einen Buchstaben.

**Hast du gut aufgepasst und kannst dich an alle Farben erinnern?**

**Welche Farbe hat ...**

Herr Taschenbiers
Bademantel? _____

Frau Rotkohls Schürze? _____

der Sams-Anzug? _____

das Frühstücks-Tablett? _____

**In welche Reihenfolge gehören die Bilder?**

Puzzle

LESESTARTER

**Findest du den Weg durch das Buch?**

Suche zuerst Herrn Mon!

Wie viele Buchstaben hat sein Tier? Gehe so viele Seiten weiter.

Wie viele „w/W" findest du? Blättere so viele Seiten weiter.

Blättere weiter, bis du das Frühstücks-Tablett wieder siehst. Schau genau hin!

Zähle hier die Zeilen und gehe so viele Seiten weiter.

Schaue auf die Seitenzahl. Rechne die erste plus die zweite Ziffer und gehe so viele Seiten weiter.

Bist du bei uns angekommen?

**Welche Wörter passen nicht dazu? Schreibe sie auf!**

Dienstag · Freitag · Ferientag · Sonntag

_____

Frühstück · Schnee ·
Tauwetter · Wasser   _____

Brötchen · Marmelade ·
Eisbär · Butter   _____

Ruh

vorbei

Bär

Schnee

See

Unsinn

dazu

Geschrei

**Wie viele Reimpaare findest du?**

Reime

LESESTARTER

# Würfelspiel

**Spiel für zwei! Wer schnappt sich den letzten Wunschpunkt?**

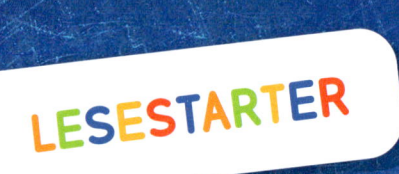

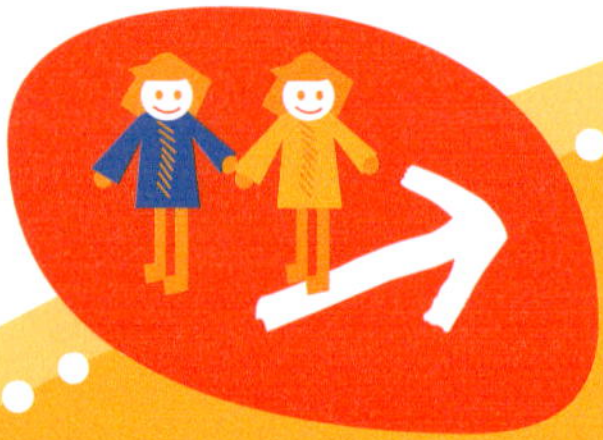

Ihr braucht:

**1 Würfel**
**2 Spielfiguren**
**12 Kieselsteine**

Legt auf jedes Feld einen Kieselstein.
Würfelt abwechselnd!
Du darfst dir den Kiesel nehmen, wenn du
einen Wunsch sagen kannst. Gewonnen hat,
wer den letzten Kiesel bekommt.

**Hast du gut aufgepasst und findest alle Wörter?**

Herr Taschenbier liegt noch im

Die Schublade ist für das Sams ein

54

Frau Rotkohl kann man leicht

☐☐☐☐☐☐

Das ganze Zimmer ist voll

☐☐☐☐☐☐

LÖSUNGSWORT:

☐☐☐☐☐☐

**Alle Rätsel gelöst?
Hier findest du die
richtigen Antworten.**

**Seite 54–55 · Wortsuche**
Lösungswort: EISBÄR

**Seite 51 · Reime**
Drei Reimpaare:
Ruh – dazu
Schnee – See
vorbei – Geschrei

**Seite 50 · Kuddelmuddel**
Ferientag
Frühstück
Eisbär

**Seite 42–43 · Bildsalat**

Herr Taschenbier
wünschte sich ein Frühstück. = Bild 2
Frau Rotkohl rollte
durch den Flur. = Bild 4
Der Eisbär setzte sich
in den letzten Schneehaufen. = Bild 1
„Was sage ich überhaupt?",
stammelte Frau Rotkohl. = Bild 3

**Seite 44–45 · Geheimes Labyrinth**

Lösungswort: Miete

**Seite 46 · Farben-Rätsel**

Herr Taschenbiers Bademantel ist gelb.
Frau Rotkohls Schürze ist blau.
Der Sams-Anzug ist blau.
Das Frühstücks-Tablett ist braun.

**Seite 47 · Puzzle**

2, 4, 1, 3

**Seite 48–49 · Lese-Rallye**

Herr Mon → S. 6
Papagei → S. 13
5 „w/W" → S. 18
Frühstücks-Tablett → S. 23
9 Zeilen → S. 32
3 + 2 = 5 → S. 37

Auf www.dassams.de findest du zahlreiche weitere
Kinderbücher und Hörbücher vom Sams.

Überarbeitete Neuausgabe

2. Auflage
© 2015, 2020 Verlag Friedrich Oetinger GmbH,
Max-Brauer-Allee 34, 22765 Hamburg
Alle Rechte vorbehalten
Die Geschichte ist ein dem Kinderbuch
„Eine Woche voller Samstage" entnommenes Kapitel,
das für Leseanfänger sprachlich überarbeitet
und neu illustriert wurde.
© Text, Titelbild und farbige Illustrationen: Paul Maar 2015
Einband- und Reihengestaltung von Andrea Pieper
Begleitmaterial von Alexandra Hanneforth
Reproduktion: Domino Medienservice GmbH, Lübeck
Druck und Bindung: Livonia Print SIA
Jürkalnes iela 15/25, LV-1046, Riga, Lettland
* Printed 2025/4
ISBN 978-3-7512-0058-5

www.dassams.de
www.oetinger.de